TAI CHI
POUR SÉNIORS

DISCOVERY PUBLISHER

Titre original: « Tai Chi for Seniors »
©2014, Discovery Publisher
All rights reserved.

Pour l'édition française:
©2015, Discovery Publisher

Auteur : Dejun Xue
Traduction [anglais-français] : Atman Omboumahou, Cécile Rousseau
Responsable d'Édition : Adriano Lucchese

DISCOVERY PUBLISHER

dp

616 Corporate Way, Suite 2-4933
Valley Cottage, New York, 10989
www.discoverypublisher.com
livres@discoverypublisher.com
facebook.com/DiscoveryPublisher
twitter.com/DiscoveryPB

New York • Tokyo • Paris • Hong Kong

TABLE DES MATIÈRES

TAI CHI
POUR SÉNIORS

À PROPOS DE « TAI CHI POUR SÉNIORS »

« Tai Chi » est un mot chinois. « Quan » signifie « poing » et le « Tai Chi Quan » est un art martial basé sur la théorie du *Tai Chi* ; le *Tai Chi Quan* est désormais communément appelé *Tai Chi*.

L'harmonie entrel le*Yin* et le *Yang* constitue l'état du *Tai Chi*. « Tai Chi pour Seniors » est un exercice développé à partir du *Tai Chi* traditionnel (*Tai Chi Quan*) et met l'accent sur cette harmonie.

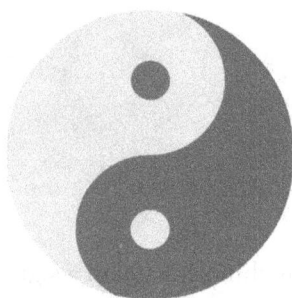

Ceci est une représentation du *Tai Chi*. La partie claire de ce symbole correspond au *Yang*, qui évoque le paradis. La partie foncée correspond au *Yin*, qui évoque les caractéristiques de la Terre.

« Tai Chi pour Seniors » s'appuie sur des méthodes de relâchement. Après avoir entamé la pratique du *Tai Chi*, le corps doit se tenir droit comme un i, naturellement. Sa taille devrait également se stabiliser, ne connaissant ni augmentation ni diminution. La tête doit être bien droite, comme si elle portait un objet. Ne la penchez ni en avant ni en arrière car cela pourrait engendrer une tension au niveau de la poitrine. Ne gonflez pas la poitrine, détendez-la naturellement. Si vous haussez les épaules, elles seront tendues, veillez donc à bien les relâcher.

Ne levez pas vos coudes trop haut, ni trop près de vos côtes ; laisser les tomber naturellement. Serrez les fessiers afin de détendre les organes internes. Relâchez vos poignets. N'étirez pas la paume de vos mains, mais laissez-les se déployer naturellement, telles des éventails. Le bout de vos doigts ne doit jamais être plus haut que vos sourcils. Si vos mains sont trop hautes, vos côtes seront oppressées. Ne tendez pas les doigts.

Lorsque vous fermez le poing, ne mettez pas de pression, de manière à ce que vos doigts forment une cavité. Lorsque vous poussez, la force ne doit pas venir des mains, mais de votre corps. Ne serrez pas les lèvres. Ne froncez pas les sourcils. Ne serrez pas les dents. Relâchez votre visage. Votre langue doit toucher votre palais. Toute la salive qui se forme dans votre bouche est avalée. Alors que votre corps entier est relâché, votre esprit se focalise sur le flux d'énergie que votre respiration et vos mouvements génèrent. Les mouvements s'enchaînent de manière fluide et continue. De la préparation d'un mouvement jusqu'à la fin de son exécution, il n'y a ni point de départ, ni point d'arrêt, chaque mouvement en appelle un autre. Avant même qu'une position soit complètement achevée, une autre position se dessine.

« Tai Chi pour Seniors » est basé sur le rythme. Les mouvements résultent d'une alternance entre l'accumulation et la libération d'énergie. Lors de l'accumulation d'énergie, le corps se contracte, et les bras se rapprochent du corps ; lorsque vous libérez de l'énergie, le corps se déploie, les bras s'écartent, pour pousser ou frapper.

Accumulation of Energy: Yin (阴)

Release of Energy: Yang (阳)

L'accumulation d'énergie correspond au *Yin*, et la libération d'énergie correspond au *Yang*. Lorsque le *Yin* et le *Yang* sont en harmonie, l'accumulation et la libération d'énergie sont en équilibre.

L'alternance entre le *Yin* et le *Yang* est rythmique, telle l'alternance entre nuit et jour.

Pour respecter ce rythme, les mouvements de plus grande amplitude doivent être effectués plus rapidement que les mouvements courts, afin que la durée d'accumulation de l'énergie soit égale à la durée de libération de l'énergie.

Time [Accumulation of Energy: Yin (阴)]

=

Time [Release of Energy: Yang (阳)]

De la même manière, la durée d'une inspiration correspond à celle d'une expiration. En général, une inspiration et une expiration durent huit secondes chacune. Plus un mouvement est long, plus la respiration est profonde ; ainsi, pour respirer plus profondément, vous devez allonger la durée de l'inspiration et de l'expiration à douze secondes chacune. Si vous souhaitez consacrer moins de temps à la pratique du *Tai Chi*, vous pouvez réduire cette durée à quatre secondes. En général, pour un cycle de respiration, seize secondes est la durée la plus confortable et la plus bénéfique pour la santé.

« Tai Chi pour Seniors » est plus semblable à un arbre se mouvant doucement qu'à une voiture roulant à toute vitesse. Lorsque le vent souffle sur l'arbre, son corps tout entier bouge, à l'exception de ses racines. A l'inverse, la voiture n'est pas enracinée dans le sol, et quand elle roule, ses composants internes (sièges, tableau de bord...) sont immobiles. Lorsque vous mettrez « Tai Chi pour Seniors » en pratique, la plante de vos pieds entrera fermement et « pleinement » en contact avec le sol, telle les racines d'un arbre. Essayez de maintenir vos hanches vers l'avant. La partie inférieure du corps, des hanches jusqu'aux pieds, est comme le tronc d'un arbre. Tourner les épaules vers la droite ou vers la gauche équivaut à faire tourner les branches d'un arbre autour de son tronc. Lors d'un mouvement comme celui-ci, la colonne vertébrale effectue une torsion. La moelle épinière, toutes les vertèbres, et les organes internes bougent. La colonne vertébrale fait office d'essieu, le mouvement des épaules dépendant d'elle. La force vient davantage des muscles qui entourent la colonne vertébrale que des épaules. Ensuite, les épaules amènent le mouvement des bras, qui amènent le mouvement des mains, ces dernières amenant le mouvement des doigts.

L'ordre du mouvement est le suivant: épaules, bras, mains, puis les doigts. Les doigts suivent les mains, les mains suivent les bras, et les bras suivent les épaules. Le mouvement est lent, mais continu. Les articulations des hanches, des épaules, des coudes, des poignets et des doigts se meuvent complètement et pivotent dans plusieurs directions. Flexion et extension ne sont pas les seuls mouvements des bras, il y a aussi des rotations. Les avant-bras pivotent autour des coudes et les mains autour des poignets, dans le sens des aiguilles d'une montre ou l'inverse, comme montré dans la *Danse du Dragon*. Il n'y a pas de mouvement unidimensionnel ; la plupart des mouvements sont tridimensionnels. Les poumons sont complètement nettoyés. Les mouvements lents et rythmiques favorisent une respiration profonde.

Lorsque vous inspirez, la partie inférieure de l'abdomen se contracte et le diaphragme remonte. L'air frais remplit les poumons, parvient à leur lobe supérieur, et les organes internes sont légèrement pressés. Lorsque le tronc est tourné d'un côté ou d'un autre, la pression exercée sur les organes est plus importante. Lorsque vous expirez, la partie inférieure de l'abdomen et le diaphragme se décontractent et le dioxyde de carbone est expiré. Les organes internes se relâchent. Avec des mouvements lents et du relâchement, le *qi* (énergie vitale) circule progressivement dans l'ensemble du corps pour atteindre quatre zones terminales: le bout des orteils, le bout des doigts, le sommet de la tête et le bout de la langue.

« Tai Chi pour Seniors » associe application et flexibilité. Il peut en être de même pour les mouvements de vos pieds. Ils n'ont pas à être parfaitement identiques aux miens. Vous pouvez déplacer votre pied d'avant en arrière, latéralement ou le soulever, alors même que je déplace mon pied vers l'avant. Pensez simplement à bien répartir le poids sur vos pieds. En effectuant vos pas avec flexibilité, vous pourrez utiliser « Tai Chi pour Seniors » en intérieur, en extérieur et même lors de vos déplacements, sans être limité par l'espace.

Les positions peuvent être plus ou moins précises. Vous n'avez pas à bouger vos mains exactement comme moi. Elles peuvent être orientées plus haut ou plus bas que les miennes, car nous pratiquons cette activité pour la santé et non pour le combat. Cependant, vous devez suivre les principes de bases du *Tai Chi*.

Ces principes sont les suivants :

• Relâchement : relâchez la poitrine, les épaules, les coudes, les poignets et les doigts. Maintenez votre tête droite et alignée avec la colonne vertébrale, et serrez les fessiers.

• La colonne vertébrale joue le rôle d'essieu: tenez vos pieds ancrés au sol, comme les racines d'un arbre. Les mains achèvent le mouvement, suivant les bras, qui suivent les épaules, lesquelles pivotent autour de la colonne vertébrale.

• Il y a trois coordinations externes: la tête est coordonnée avec les fessiers, les coudes avec les genoux et les mains avec les pieds.

• Il y a trois coordinations internes: la vue, la respiration et l'esprit sont coordonnés.

• La taille du corps est flexible: si vous êtes fatigué, elle peut augmenter, et si vous êtes en bonne forme, elle peut diminuer. Mais elle doit rester stable, immuable tout au long de la pratique du *Tai Chi*.

• Le bout des doigts ne dépasse jamais les sourcils. L'ordre des mouvements est variable, et vous pouvez pratiquez le *Tai Chi* quand bon vous semble. Vous pouvez aussi vous cantonner à une seule partie du « Tai Chi pour Seniors », ou même à une seule position ; cependant, afin d'obtenir un effet bénéfique sur votre santé, il est nécessaire de pratiquer le *Tai Chi* au moins trente minutes par jour.

TAI CHI
FOR SENIORS

- Relâchez-vous pendant quelques secondes.
- Tenez-vous droit.
- Détendez le visage et les épaules.
- Laissez naturellement vos mains tomber le long de votre corps.
- Détendez la poitrine et les hanches.

- Commencez à inspirer.
- Écartez vos pieds de manière à ce qu'ils soient alignés avec vos épaules.
- Levez doucement les mains, la paume vers le haut, en prenant huit secondes pour atteindre le niveau de la poitrine.

- Commencez à expirer.
- Tournez la paume de des mains vers le bas, déverrouillez les genoux et laissez vos mains tomber progressivement pendant 8 secondes pour atteindre naturellement le niveau de votre bassin.
- Le corps entier doit se relâcher et se tenir légèrement plus bas à mesure que les mains tombent.
- Cette stature doit être maintenue tout au long de la pratique du Tai Chi.
- La longueur de l'inspiration et de l'expiration dépend de la profondeur de la respiration et de la vitesse du mouvement.
- Autrement dit, plus le mouvement est lent, plus la respiration est profonde.
- Entraînez-vous à coordonner mouvement et respiration jusqu'à ce vous trouviez le rythme qui vous convient.
- Commencez par effectuer des inspirations et expirations

de quatre secondes chacune.

- Vous pourrez éventuellement respirer plus profondément en doublant voire en triplant cette durée, à mesure que vos mouvements seront plus lents.
- Respirer profondément est bon pour la santé, mais il est important que vous vous sentiez à votre aise.
- Ne retenez pas votre souffle.
- La paume des mains tournée vers le bas et les doigts courbés, essayez d'aligner vos majeurs parallèlement l'un à l'autre sur une ligne imaginaire, juste au dessus de la taille.
- Vos mains ne doivent pas toucher votre corps.
- Laissez tomber vos poignets et pliez légèrement les genoux.
- Votre poids doit être réparti équitablement sur chacun de vos pieds.

2. DÉBUT DE LA PHASE PRATIQUE DU TAI CHI

Commencez à inspirer. Mettez du poids sur votre pied gauche puis baissez votre main droite en gardant la paume vers le haut. Dans le même temps, levez votre main gauche, la paume vers le bas, comme si vous teniez une grosse balle entre les mains, vers l'avant. La tête doit faire face au poignet gauche. Le coude gauche et les poignets doivent être relâchés et le bras droit courbé. Ne ramenez pas le coude droit trop près du corps. Votre pied gauche supporte la quasi-totalité de votre poids. Il s'agit du Yang. Le pied droit ne supporte pratiquement aucun poids. C'est le Yin. Cependant, il touche pleinement le sol pour maintenir votre équilibre.

- Commencez à expirer.
- Inversez la rotation de vos mains, là encore comme si vous faisiez tourner une grosse balle.
- Cette fois-ci, la tête doit faire face au poignet droit.
- Basculez progressivement votre poids vers le pied droit, inversant ainsi le Yin et le Yang.
- Le pied gauche devient le Yin et le pied droit devient le Yang.

- En basculant votre poids vers le pied droit tout en tournant lentement les épaules vers la droite et en levant le bras droit.
- La paume de la main droite est tournée vers le bas tandis que la paume de la main gauche est tournée vers le haut.
- Veillez à ne pas rapprocher le coude gauche trop près du corps.
- Là encore vous êtes positionné comme si vous teniez une grosse balle, et faites face à votre poignet droit.
- Le pied droit supporte tout votre poids, et le pied gauche touche le sol pour vous maintenir en équilibre.
- Le coude gauche et le poignet droit sont relâchés, et le bras gauche forme un léger arc.

3. ATTRAPER LA QUEUE DE L'OISEAU

- Pour cette posture, il y a quatre sous-mouvements :

A. ELOIGNER-REPOUSSER-PARER

- Commencez à inspirer.
- Appuyez-vous sur le pied droit, de manière à ce que le pied gauche ne supporte pratiquement aucun poids.
- Faites légèrement pivoter votre pied gauche dans le sens des aiguilles d'une montre afin de préparer le mouvement suivant.

- Transférez progressivement votre poids vers le pied gauche, tournez les épaules et alignez votre colonne vertébrale de façon à être tourné vers l'avant, le tout en tournant votre avant-bras gauche dans le sens inverse des aiguilles d'une montre jusqu'à ce que votre main dépasse votre poitrine.
- Dans le même temps, tournez l'avant-bras droit dans le sens des aiguilles d'une montre afin d'abaisser votre main droite.
- Le coude gauche est plié, le poignet gauche est relâché et les mains naturellement ouvertes.
- Tous les mouvements décrits dans ce paragraphe doivent être effectués de manière simultanée.

- En vous appuyant sur le pied gauche, faites glisser la pointe du pied droit sur le sol pour le rapprocher du pied gauche.
- Une fois encore, vos mains sont positionnées comme si vous teniez une balle, avec la main gauche au dessus et la droite en dessous.
- Votre coude gauche est plié.
- Veillez à ne pas amener le coude droit trop près du corps.
- Gardez la tête droite et tournée vers l'avant.

- Commencez à expirer.
- Déplacez votre pied droit, vers la droite et légèrement vers l'arrière, de manière telle que la distance entre la cheville (gauche) et le pied droit corresponde à la largeur d'un poing.

- Basculez lentement votre poids vers le pied droit tout en tournant les épaules vers l'avant, levez l'avant-bras droit avec la palme de la main tournée vers la poitrine, et baissez la main gauche en ayant la palme tournée vers le bas.
- La colonne vertébrale agit tel un essieu, autour duquel pivotent les épaules, dont le mouvement est suivi par les bras, lesquels sont suivis par les mains.
- Lorsque vous projetez le bras droit, élevez la main droite ou laissez tomber la main gauche, veillez à ce que le tout soit fait simultanément.
- Tous les mouvements sont coordonnés par la colonne vertébrale, et la colonne vertébrale s'adapte à la répartition du poids, tantôt sur le pied gauche, tantôt sur le pied droit.

- En mettant le plus gros de votre poids sur le pied droit, tournez légèrement la tête et le corps vers la droite.
- Tenez votre avant-bras droit devant votre poitrine, orientant ainsi le coude vers le bas.
- Courbez votre bras gauche et poussez vers le bas avec votre main gauche.
- Veillez à ne pas amener le coude gauche trop près du corps.
- Gardez la tête droite et tournée vers l'avant.
- Ne bombez pas le torse ni les fesses, et portez votre regard vers un horizon lointain.
- Alors que vous portez le regard très loin, vos pieds sont fermement ancrés dans le sol.

B. TIRER

- Commencez à inspirer.
- Alors que vous transférez votre poids vers le pied droit, le pied gauche (qui est en retrait par rapport au pied droit) reste en contact avec le sol pour vous maintenir en équilibre.
- Baissez lentement la main gauche.
- Stabilisez la position de votre tête.

- En imaginant que vous tenez le bras de quelqu'un d'autre, levez les avant-bras, la main droite doit se retrouver au dessus de la poitrine, avec la paume orientée vers le bas, tandis que la main gauche doit être située sous la poitrine, la paume orientée vers le haut.
- Maintenez votre poids sur le pied droit et assurez-vous que votre pied gauche touche pleinement le sol.
- Relâchez les épaules.
- Dépliez les coudes.
- Gardez le tronc bien droit et maintenez la tête dans une position stable.
- Ne vous penchez pas en avant et veillez à ne pas reculer le bassin.

- Transférez lentement votre poids vers le pied qui est en retrait en tournant les épaules vers la gauche, comme si vous étiez en train de tirer quelqu'un vers votre gauche, le tout sans tourner les hanches.
- Votre tête reste orientée vers le bas.
- Vos bras et vos mains suivent le mouvement de vos épaules, et vos épaules se tournent en fonction du pied sur lequel vous vous appuyez.
- Ne mettez pas de force dans vos mains, et veillez à ne pas approcher le coude droit trop près du corps.

C. PRESSER

- Commencez à inspirer.
- Lever l'avant-bras droit jusqu'à ce que la palme de votre main se retrouve face à votre poitrine et dans le même temps, amenez le bas de la paume de votre main gauche sur votre avant-bras droit, près du poignet.
- Votre tête est tournée vers la gauche, face à vos mains.
- Gardez le tronc bien droit et ne levez pas les épaules.
- Essayez de maintenir votre stature.

_____

_____

_____

- Commencez à expirer.
- Continuez à tournez les épaules vers la gauche tout en maintenant les hanches orientées vers l'avant.
- Avec le bas de la paume de la main gauche, exercez une légère pression sur le bout de l'avant-bras droit.

- Transférez lentement votre poids vers le pied avant en ramenant les épaules vers la droite.
- Accompagné par le bras gauche, l'avant-bras droit est entraîné vers l'avant comme si vous essayiez de projeter une personne se trouvant face à vous.
- Durant ce mouvement, vous utilisez la force générée par la rotation de votre corps et non celle des mains.
- Gardez la tête haute et orientée vers la droite, direction dans laquelle pointe votre pied droit.

D. DOUBLE POUSSÉE

- Commencez à inspirer.
- Alors que le pied droit supporte l'essentiel de votre poids, votre pied gauche reste en contact avec le sol pour vous maintenir en équilibre.
- Tournez la paume de vos mains vers l'extérieur.
- Maintenez la position de votre tête et veillez à ne pas vous pencher en avant.

_____

_____

_____

_____

- Continuez à vous appuyer sur le pied avant, et assurez-vous que le pied gauche reste au sol.
- Maintenez la position de votre tête.

- Transférez progressivement votre poids vers le pied arrière tout en baissant les mains jusqu'à ce qu'elles côtoient vos hanches, les paumes orientées vers le sol, puis tournez les mains de manière à ce que leurs paumes soient orientées vers vos hanches.
- Avec ce basculement de poids, votre corps amène vos bras et mains vers l'arrière.
- Votre tête est tournée vers l'avant.

- En mettant tout votre poids sur le pied gauche (qui est encore en retrait), levez les mains comme si vous teniez quelque chose.
- Dépliez les coudes et gardez le tronc droit, avec la tête est tournée vers l'avant.
- Ne reculez pas le bassin et maintenez votre stature.

Essayez de rapprocher autant que possible vos coudes sans les faire entrer en contact (vue de droite).

_____

_____

_____

_____

_____

Dans le même temps, écartez les mains autant que possible en faisant pivoter la paume de la main droite dans le sens des aiguilles d'une montre, et celle de la main gauche dans le sens inverse (vue de droite).

_____

_____

_____

_____

_____

- Commencez à expirer.
- Transférez lentement votre poids vers l'avant et tournez vos mains de manière à ce que leurs paumes soient tournées vers le haut.

_____

_____

_____

_____

_____

Pendant que vous tournez les mains, essayez d'aligner vos majeurs à la même hauteur tout en ramenant les coudes près des côtes.

_____

_____

_____

_____

_____

- Gardez la tête stable.
- Alors que vous avancez le buste, vos mains sont entraînées vers l'avant (pieds droit).
- Ne mettez pas de force dans vos mains.

Commencez à inspirer.

- En vous appuyant exclusivement sur le pied droit, faites pivoter le pied gauche dans le sens inverse des aiguilles d'une montre afin d'être à votre aise durant le mouvement suivant.
- Tournez les épaules vers la gauche.

- Transférez votre poids sur le pied gauche, faites pivoter l'avant-bras droit dans le sens des aiguilles d'une montre et baissez la main droite jusqu'au niveau de la hanche.
- Pliez le bras gauche en laissant tomber le coude, faites pivoter l'avant-bras gauche et la paume de la main gauche dans le sens des aiguilles d'une montre, et orientez la paume de la main droite vers l'extérieur.
- Veillez à ce que le bout du majeur de votre main gauche ne dépasse pas vos sourcils.

- Tournez les épaules vers la gauche, amenant ainsi vos bras sur votre gauche.
- Dans l'élan des épaules, laissez tomber le coude gauche, avec la paume de la main pivotant dans le sens des aiguilles à hauteur du cou, et bougez la main droite vers la gauche en faisant pivoter l'avant bras dans le sens des aiguilles d'une montre.
- N'oubliez pas, les mains suivent les bras, les bras suivent les épaules, et les épaules pivotent autour de la colonne vertébrale, laquelle fait office d'essieu.
- Gardez la tête droite, et tournée vers la gauche.
- En vous appuyant entièrement sur le pied gauche, faites-le pivoter dans le sens inverse des aiguilles d'une montre pour être à votre aise.

- Commencez à expirer.
- Transférez lentement votre poids vers le pied droit, tournez les épaules vers l'avant et levez la main droite en faisant pivoter l'avant-bras dans le sens des aiguilles d'une montre, et baissez la main gauche en faisant pivoter l'avant-bras dans le sens inverse des aiguilles d'une montre.
- Gardez la tête droite, orientée vers votre main droite.

Pendant que vous transférez votre poids sur le pied droit, tourner les épaules vers la droite, faites pivoter l'avant-bras droit dans le sens des aiguilles d'une montre et l'avant-bras gauche dans le sens inverse.

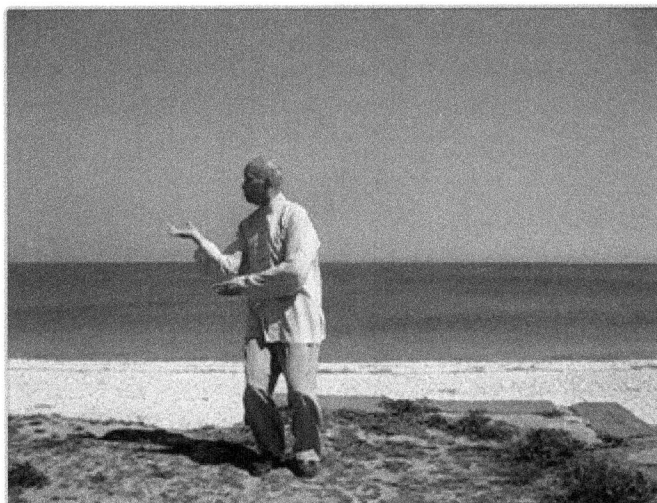

- En vous appuyant entièrement sur le pied droit, tournez les épaules vers la droite et essayez de garder les hanches orientées vers l'avant en tordant la colonne vertébrale.
- Maintenez votre tête dans une position stable.
- Le bras gauche suit les épaules, la main est levée et l'avant-bras pivote dans le sens inverse des aiguilles d'une montre.
- Dans le même temps, levez la main droite au dessus de la poitrine en faisant pivoter l'avant-bras dans le sens des aiguilles d'une montre, avec la paume de la main orientée vers le haut.
- Pour avoir un bon équilibre, rapprochez votre pied gauche du pied droit.

- Commencez à inspirer.
- Imaginez que vous attrapez la main de quelqu'un avec votre main droite.
- Levez la main droite en fléchissant le poignet en arrière.
- Ouvrez-là en dépliant complètement les doigts.
- Ensuite, repliez les doigts tout en faisant pivoter votre poignet dans le sens des aiguilles d'une montre.

- Fermez la main droite en pliant le coude et sans mettre de tension dans les articulations.
- Pointez les doigts de votre main gauche vers le poignet droit et baissez vos coudes en maintenant le tronc droit.
- Votre regards est en direction de la main droite.

- Avec votre regards en direction de la main droite, de facon imaginaire, empoignez la main d'une autre personne, en pointant le poignet droit avec vos doigts de main gauche, laissez tomber les deux coudes, en maintenant droit le tronc du corps.
- Vous êtes continuellement en appui sur le pied droit. Orientez la pointe du pied gauche vers le sol.

- Commencez à expirer.
- Tournez les épaules vers la gauche, la tête face à la main gauche.
- Le pied droit supporte tout votre poids.
- Déplacez votre pied gauche d'un pas vers la gauche et légèrement en arrière, les orteils dirigés vers la gauche, le tout de manière à ce que la distance entre vos chevilles corresponde à la largeur du poing.

_____

_____

_____

_____

_____

- Transférez lentement votre poids vers le pied gauche en tournant les épaules vers la gauche, dans la même direction que les orteils du pied gauche.
- Le bras gauche est déployé vers l'extérieur, la paume de la main pivotant dans le sens inverse des aiguilles d'une montre.
- Gardez la main droite fermée.

- Avec la majeure partie de votre poids sur le pied gauche, baissez les coudes en maintenant la paume de la main gauche en position verticale et orientée vers l'avant, les doigts relâchés.
- Gardez la main droite fermée.
- Le transfert de poids, la rotation des épaules, le déploiement du bras gauche et les rotations de la paume des mains doivent être coordonnés.
- La paume de la main gauche s'ouvre en tournant les épaules et en faisant pivoter l'avant-bras gauche, le tout sans mouvement de poussée.
- C'est la force générée par vos mouvements de rotation qui vous permet de projeter la personne se trouvant devant vous, et non la force de votre main gauche.
- Gardez la tête droite, orientée vers votre main gauche.

- Commencez à inspirer.
- Gardez la tête droite, tournée vers la main gauche.
- En mettant tout votre poids sur le pied gauche, déchargez le pied droit.

_____

_____

_____

_____

_____

- Faites pivoter le pied droit dans le sens des aiguilles d'une montre pour préparer le mouvement suivant.
- Ramenez les épaules de manière à ce qu'elles soient tournées vers l'avant et baissez les mains.

- Transférez votre poids vers le pied droit, tournez les épaules vers la droite et baissez les mains.
- En ne mettant aucun poids sur le pied gauche, faites-le pivoter dans le sens des aiguilles d'une montre pour préparer le mouvement suivant.

Avec tout votre poids sur le pied droit, levez la main
gauche.

_____

_____

_____

_____

_____

- Commencez à expirer.
- Gardez la tête levée, tournée vers la droite.
- Rapprochez votre pied gauche du pied droit.

_____

_____

_____

_____

_____

En transférant votre poids vers le pied gauche, tournez la tête et les épaules vers l'avant, levez l'avant-bras gauche, et baissez le bras droit.

En vous appuyant entièrement sur le pied gauche, levez la main droite jusqu'au dessous du bras gauche.

_____

_____

_____

_____

_____

- Commencez à inspirer.
- Transférez votre poids vers le pied droit et faites pivoter votre avant-bras droit pour lever la main droite.
- Baissez la main gauche.

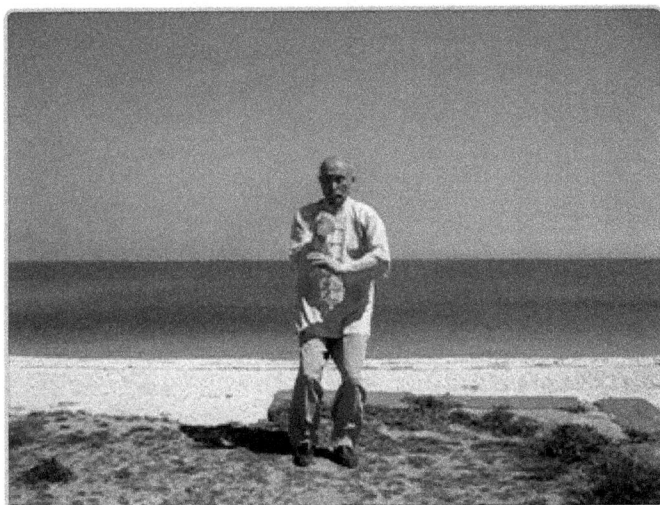

Avec tout votre poids sur le pied droit, baissez la main gauche et faites pivoter lentement votre main dans le sens des aiguilles d'une montre.

_____

_____

_____

_____

_____

- Alors que votre poids est entièrement supporté par le pied droit, orientez la pointe du pied gauche vers le sol pour rester en équilibre.
- Tournez les épaules vers la gauche et positionnez vos bras en arrière et vers l'extérieur.
- Tournez la tête vers la gauche.

_____

_____

_____

_____

_____

- Continuez à tournez les épaules vers la gauche et regardez en arrière comme si vous étiez en train de rouler à reculons.
- Baissez la main droite et levez la main gauche en faisant pivoter l'avant-bras dans le sens inverse des aiguilles d'une montre et en baissant le coude.
- Gardez la tête stable.

- Commencez à expirer.
- Baissez votre coude gauche, tournez les épaules vers la droite et faites pivoter l'avant-bras droit dans le sens inverse des aiguilles d'une montre.

- Tournez vos épaules jusqu'à ce que vous soyez tourné vers l'avant.
- Amenez le bras gauche vers l'avant.
- Maintenez votre poids sur le pied droit et conservez votre stature en évitant de descendre trop bas.

- Alors que vous vous appuyez entièrement sur le pied droit, les épaules tournées vers l'avant, le pied gauche contribue à votre équilibre.
- Suivant le mouvement des épaules, avancez votre main gauche, la paume tournée vers l'avant.

_____

_____

_____

_____

_____

6. LE DÉPLOIEMENT DES AILES DE LA GRUE BLANCHE

- Commencez à inspirer.
- En mettant votre poids sur le pied droit, tournez légèrement les épaules et la tête vers la droite.
- Pliez le bras droit pour amener votre main devant votre poitrine, avec la paume tournée vers le bas.
- Essayez de garder les hanches tournées vers l'avant de manière telle que vous mobiliserez l'ensemble de votre colonne vertébrale.

- En maintenant votre poids sur le pied droit, tournez les épaules et la tête vers l'avant, et dépliez le bras pour ramenez votre main droite à côté de votre hanche, la paume tournée vers le haut.
- Dans le même temps, pliez le bras gauche pour amener votre main devant votre poitrine, avec la paume tournée vers le bas.
- Votre tête doit être tournée vers l'avant et votre regard porté sur votre poignet gauche.

_____

_____

_____

_____

_____

- Transférez votre poids vers le pied gauche et tournez légèrement le tronc vers la gauche.
- En gardant la main droite près de votre hanche et la main gauche devant votre poitrine, tournez légèrement le pied droit dans le sens inverse des aiguilles d'une montre.

_____

_____

_____

_____

_____

- Transférez votre poids vers le pied droit tout en tournant la tête et le tronc vers la gauche, avec la paume de la main droite tournée vers le haut et celle de la main gauche tournée vers le bas, comme si vous teniez une balle.
- Votre pied gauche est pointé vers le sol.
- Maintenez votre stature et fixez l'horizon.

- Toujours en appui sur le pied droit, et le pied gauche pointé vers le sol, tournez les épaules vers la droite.
- Pliez le bras pour amener votre main droite à hauteur de l'épaule, avec la paume tournée vers l'intérieur.
- Dans le même temps, dépliez le bras gauche pour baisser l'autre main, avec la paume tournée vers le bas.
- Faites face à votre main droite et veillez à ne pas la lever trop haut : vos doigts ne doivent jamais dépasser vos sourcils.
- Maintenez votre stature.

- Commencez à expirer.
- En vous appuyant essentiellement sur le pied droit, tournez la tête et les épaules vers la gauche tout en baissant votre main gauche jusqu'au niveau de la hanche, la paume tournée vers le bas.

- Toujours en appui sur le pied droit, tournez la tête et les épaules vers la gauche, avec la main droite à hauteur du cou.
- Votre main gauche est à la même hauteur que votre hanche, mais pas trop près du corps.
- Maintenez votre équilibre en gardant le pied gauche pointé vers le sol.
- La tête bien droite et tournée vers l'avant, fixez l'horizon.
- Relâchez la poitrine et serrez les fesses.

7. LA MAIN DROITE POUSSE, LA GAUCHE EFFLEURE LE GENOU

- Commencez à inspirer.
- Avec votre poids sur le pied droit, pliez légèrement les genous, tournez les épaules vers la gauche tout en amenant votre main droite vers votre visage, la paume tournée vers l'intérieur.
- Dans le même temps, baissez la main gauche avec la paume tournée vers l'extérieur, jusqu'à ce qu'elle côtoie votre hanche.
- Tournez lentement la tête vers la gauche.

En maintenant votre poids sur le pied droit, continuez à tourner les épaules vers la gauche en tordant la colonne vertébrale de manière à ce que vos hanches restent tournées vers l'avant.

- Toujours en appui sur le pied droit, et le pied gauche pointé vers le sol, pliez le bras droit en baissant le coude et fixez du regard le bout du majeur de la main droite.
- Tournez la paume de la main gauche vers l'intérieur, et maintenez votre stature (vue de dos).

_____

_____

_____

_____

_____

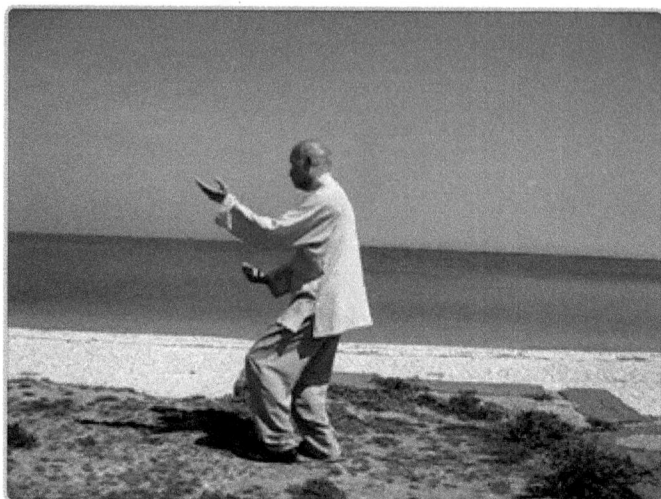

Alors que votre pied droit supporte l'essentiel de votre poids et que vos épaules sont tournées vers l'avant, baissez le bras droit jusqu'à ce que votre main droite soit à hauteur de votre taille et levez le bras gauche jusqu'à ce que votre main gauche soit à hauteur de votre épaule (vue de dos).

- Toujours en appui sur le pied droit, tournez les épaules et la tête vers la droite.
- Dans l'élan de vos épaules, levez le bras droit jusqu'à ce que votre main soit à hauteur de votre cou, avec la paume tournée vers l'intérieur.
- Pliez le bras gauche de manière à ce que les doigts de votre main pointent en direction du coude droit.
- Fixez du regard le majeur de la main droite.

- Commencez à expirer.
- Toujours en appui sur le pied droit, déplacez votre pied gauche vers la gauche et légèrement vers l'arrière de manière à ce que la distance séparant vos chevilles corresponde à la largeur d'un poing.
- Commencez à tournez les épaules vers l'avant tout en faisant pivoter votre avant-bras droit dans le sens inverse des aiguilles d'une montre.
- Simultanément, faites pivoter l'avant-bras gauche jusqu'à ce que votre main se trouve à hauteur de votre taille, avec la paume tournée vers le bas.

_____

_____

_____

- Transférez doucement votre poids vers le pied le plus avancé (gauche) à mesure que vous tournez les épaules vers l'avant.
- Le regard tourné vers l'avant, pliez le bras droit pour amener votre main droite à hauteur de votre poitrine, avec la paume tournée vers le bas.
- Faites pivoter votre bras gauche dans le sens des aiguilles d'une montre pour amener votre main (paume tournée vers le bas) à côté de la hanche, et en effleurant le genou comme si vous repoussiez un coup de pied.
- Tous les mouvements doivent être coordonnés par la colonne vertébrale qui agit comme un essieu.

- Continuez à transférer votre poids vers le pied avant tout en baissant votre avant-bras droit jusqu'à ce que votre main se trouve à hauteur de votre taille, paume tournée vers l'extérieur, puis remontez votre main à hauteur de votre poitrine avec la paume tournée vers l'avant.
- Contractez la paume de la main gauche.
- Ne poussez pas la main droite trop loin.
- La poussée résulte du mouvement de votre corps et non de la force de votre main droite.
- Votre regard est porté sur l'horizon.
- Votre tronc est droit. Maintenez la tête dans une position stable et veillez à ne pas vous pencher vers l'avant.
- Serrez les fesses.

8. JOUER DE LA GUITARE

- Commencez à inspirer. En vous appuyant sur votre pied le plus avancé (le gauche), avancez légèrement le pied droit pour préparer les mouvements à venir.
- En relâchant vos poignets, tenez votre main droite ouverte à hauteur de votre poitrine, et la main gauche à côté de votre hanche gauche, avec la paume tournée vers le corps.
- Votre regard se porte sur l'horizon.

- Transférez progressivement votre poids vers le pied le plus en retrait (le gauche), tout en baissant l'avant-bras droit au niveau de la poitrine avec la paume de la main droite tournée vers le bas, et en levant la main gauche jusqu'à hauteur de la taille.
- Vos yeux fixent continuellement l'horizon.

_____

_____

_____

_____

_____

- En maintenant votre poids sur le pied droit, et la pointe du pied gauche contribuant à votre équilibre, pliez le bras droit pour amener votre main à hauteur de votre épaule, avec la paume naturellement ouverte.
- Dans le même temps, levez votre main gauche jusqu'au niveau de votre poitrine, paume ouverte et tournée vers l'intérieur.
- Vos yeux sont tournés vers le pouce de la main gauche.

- Commencez à expirer.
- Appuyez-vous sur le pied droit tout en maintenant le talon gauche au sol.
- Commencer par laisser tomber vos poignets et levez la paume des mains vers le haut.
- Fixez du regard l'index de votre main gauche.

- Restez en appui sur le pied droit, avec le talon gauche contre le sol pour assurer votre équilibre.
- Vos poignets sont complètement relâchés et les paumes de vos mains sont naturellement ouvertes et tournées vers le haut, à hauteur de votre poitrine.
- La paume de la main gauche fait face à celle de la main droite.
- Relâchez vos coudes.
- Fixez le majeur de votre main gauche.
- Ne tenez pas le coude droit trop près du corps.

9. LA MAIN DROITE POUSSE, LA GAUCHE EFFLEURE LE GENOU

- Commencez à inspirer.
- Appuyez-vous essentiellement sur le pied droit et maintenez le talon gauche au sol pour assurer votre équilibre.
- Levez les mains jusqu'à ce qu'elles atteignent votre visage, avec la paume tournée vers le haut.
- Fixez du regard le majeur de votre main gauche.

- Rapprochez le pied gauche du pied droit.
- Tournez les épaules et la tête vers la droite, et baissez la main droite jusqu'à ce qu'elle côtoie votre hanche.
- Levez l'avant-bras gauche pour placer votre main devant votre poitrine.

- Restez en appui sur le pied droit, et gardez la tête tournée vers la droite.
- Pliez le bras droit pour placer votre main face à votre cou, la paume grande ouverte et tournée vers le cou.
- Dans le même temps, faites pivoter votre avant-bras gauche dans le sens des aiguilles d'une montre afin que vos doigts soient orientés vers votre coude droit.

- Commencez à expirer.
- Toujours en appui sur le pied droit, déplacez le pied gauche d'un pas en avant et légèrement vers la gauche de manière à ce que la distance séparant vos talons corresponde à l'épaisseur d'un poing.
- Le talon du pied gauche est en contact avec le sol pour assurer votre équilibre et vos yeux sont tournés vers votre main droite.
- Faites pivoter l'avant-bras droit pour amener votre main à côté de votre flanc droit.
- Baissez l'avant-bras gauche jusqu'à ce que votre main se trouve à hauteur de votre taille.

_____

_____

_____

- Transférez progressivement votre poids vers le pied le plus avancé (le gauche) et fixez l'horizon.
- Tournez à nouveau vos épaules vers l'avant.
- Dans l'élan des épaules, baissez l'avant bras droit pour amener votre main à hauteur de la taille, paume tournée vers le sol, puis ramenez-la à hauteur de la poitrine.
- Dans le même temps, baissez l'avant-bras gauche (paume de la main tournée vers le sol) jusqu'à ce que votre main atteigne votre hanche puis, puis balayez le genou gauche comme si vous repoussiez un coup de pied.

- Tout en maintenant votre poids sur le pied gauche, tournez lentement les épaules vers l'avant et tendez le bras droit vers l'avant, la paume de la main naturellement ouverte et tournée vers l'avant.
- Ne mettez pas de force dans votre main, c'est par le mouvement de votre corps qu'elle doit être propulsée.
- Faites passer votre main gauche devant le genou gauche, la paume ouverte et tournée vers le sol.
- Amenez-là jusqu'au niveau de la hanche gauche, et contractez la paume comme pour étirer votre main.

10. LA MAIN GAUCHE POUSSE, LA DROITE EFFLEURE LE GENOU

- Commencez à inspirer.
- En mettant la totalité de votre poids sur le pied gauche, avancez le pied droit et faites le légèrement pivoter dans le sens inverse des aiguilles d'une montre pour préparer le mouvement à venir.
- Regardez vers l'avant, et relâchez vos poignets.

- Transférez votre poids vers votre pied droit, puis déplacez votre pied gauche juste derrière votre pied droit.
- Tournez les épaules vers la gauche en gardant les hanches tournées vers l'avant.
- Dans l'élan des épaules, faites pivoter l'avant-bras droit dans le sens inverse des aiguilles d'une montre, le coude plié, et faites pivoter l'avant-bras gauche dans le sens des aiguilles d'une montre de manière à ce que vos doigts soient pointés vers le coude droit.

- Transférez maintenant votre poids vers votre pied gauche et continuez à tourner vos épaules vers la gauche, en regardant vers la gauche.
- Dans l'élan des épaules, faites pivoter l'avant-bras gauche dans le sens inverse des aiguilles d'une montre, le coude plié, et la main à hauteur de vos épaules.
- Dans le même temps, faites pivoter l'avant-bras droit dans le sens inverse des aiguilles d'une montre de manière à ce que vos doigts soient pointés vers le coude gauche.

_____

_____

_____

_____

- Maintenez votre poids sur votre pied gauche et fixez du regard les doigts de votre main gauche.
- Tournez la paume de votre main gauche vers l'intérieur et relâchez le poignet droit (vue de dos).

- Commencez à expirer.
- En vous appuyant sur le pied gauche, déplacez votre pied droit vers la droite et légèrement en arrière de manière telle que la distance séparant vos talons corresponde à l'épaisseur d'un poing (vue de dos).

_____

_____

_____

_____

_____

- Transférez progressivement votre poids vers le pied qui est le plus en avant (le droit) tout en tournant les épaules vers l'avant.
- Tendez le bras gauche en le faisant pivoter dans le sens des aiguilles d'une montre jusqu'à ce que votre main arrive à hauteur de votre poitrine.
- Dans le même temps, baissez l'avant-bras droit en le faisant pivoter dans le sens inverse des aiguilles d'une montre pour faire passer votre main devant votre genou droit puis à côté de votre hanche droite, comme si vous repoussiez un coup de pied (vue de dos).

- Continuez à transférer votre poids vers le pied droit en tournant vos épaules vers l'avant.
- Faites pivoter votre avant-bras gauche jusqu'à ce que votre main arrive à l'hauteur de votre épaule, avec la paume tournée vers l'avant comme pour pousser une personne se trouvant devant vous.
- La poussée résulte du mouvement de votre corps et non de la force de votre main.

- Commencez à inspirer.
- En appui sur le pied le plus en avant (le droit), avancez légèrement le pied gauche et tournez-le un tantinet dans le sens des aiguilles d'une montre afin de préparer le mouvement suivant.
- Commencez à tourner les épaules vers la gauche en faisant pivoter l'avant-bras gauche dans le sens inverse des aiguilles d'une montre, et en ouvrant la main, la paume vers le haut et le poignet relâché.

- En mettant tout votre poids sur le pied gauche, rapprochez le pied droit du pied gauche en regardant vers l'avant. Simultanément, tournez vos épaules vers la droite, en levant le bras gauche et en pliant le coude afin d'amener votre main vers votre visage, la paume ouverte et tournée vers le haut.
- Dans le même temps, levez votre avant-bras droit en le faisant pivoter dans le sens inverse des aiguilles d'une montre, la paume de la main tournée vers le haut.

- Transférez tout votre poids vers le pied droit, tout en positionnant votre pied gauche sur la pointe pour assurer votre équilibre.
- Tournez les épaules vers la droite.
- Dans l'élan des épaules, faites pivoter l'avant-bras droit dans le sens inverse des aiguilles d'une montre pour lever la main droite jusqu'à hauteur de votre cou, la paume ouverte et tournée vers l'intérieur.
- Faites pivoter votre avant-bras gauche dans le sens des aiguilles d'une montre de manière à ce que vos doigts soient pointés en direction du coude droit.
- Gardez la tête droite et tournée vers la main droite.

- Commencez à expirer.
- En appui sur le pied droit, déplacez le pied gauche d'un pas sur la gauche et légèrement en arrière de manière à ce que la distance séparant vos talons corresponde à l'épaisseur d'un poing.
- Votre tête est tournée vers la gauche, faisant face à votre main droite.
- Faites pivoter l'avant-bras gauche dans le sens des aiguilles d'une montre et baissez la main jusqu'à hauteur de votre taille, avec la paume tournée vers le bas.
- Faites pivoter l'avant-bras droit dans le sens inverse des aiguilles d'une montre en pliant le coude, avec la paume de la main ouverte (vue de dos).

_____

_____

- Transférez progressivement votre poids vers le pied le plus en avant (le droit) en ramenant vos épaules vers la gauche, et faites pivoter l'avant-bras droit dans le sens inverse des aiguilles d'une montre jusqu'à ce que votre main se trouve à hauteur de votre poitrine, paume ouverte et tournée vers le sol.
- Dans le même temps, passez votre main gauche devant votre genou gauche puis à côté de votre hanche gauche, comme pour repousser un coup de pied.

- Avec l'essentiel de votre poids sur le pied le plus avancé (le gauche), tournez les épaules vers l'avant en fixant l'horizon.
- Dans l'élan de vos épaules, baissez l'avant-bras droit jusqu'à ce que votre main se trouve à hauteur de votre taille, paume ouverte et tournée vers le sol, puis ramenez-la à hauteur de votre poitrine.
- Enfin, pliez le coude droit puis tendez le bras vers l'avant en fléchissant le poignet pour tourner la paume de la main vers l'avant, comme pour pousser une personne se trouvant devant vous.
- La force doit venir du mouvement de votre corps et non de votre main.
- Placez votre main gauche près de votre hanche gauche et appuyez doucement vers le bas.
- Gardez le tronc droit, et ne vous penchez pas en avant. Relâchez la poitrine et serrez les fesses.

- Commencez à inspirer.
- Transférez tout votre poids sur le pied le plus avancé (le gauche) en déplaçant légèrement le pied droit vers l'avant pour préparer le mouvement suivant.
- Relâchez vos poignets en fixant l'horizon.

_____

_____

_____

_____

- Transférez votre poids sur le pied le plus en retrait (le droit), baissez le coude droit pour amener l'avant-bras droit juste en dessous de la poitrine.
- Avec le poignet droit relâché, faites pivoter l'avant-bras gauche dans le sens inverse des aiguilles d'une montre pour amener progressivement la main gauche vers l'avant.
- Continuez à fixer l'horizon.

Maintenez votre poids sur le pied droit, levez le poignet droit jusqu'à hauteur de votre épaule et le poignet gauche jusqu'au niveau de votre poitrine.

- Gardez votre poids sur le pied droit, et le talon gauche contre le sol pour assurer votre équilibre.
- Relâchez les poignets et fixez du regard le pouce de votre main gauche.

- Commencez à expirer.
- Toujours en appui sur le pied droit, et le talon gauche contre le sol pour vous maintenir en équilibre, détendez les poignets.
- Les paumes de vos mains sont naturellement ouvertes et se font face.
- Votre main gauche est devant votre main droite.
- Fixez du regard le majeur de la main gauche.
- Veillez à ce que votre coude droit ne soit pas trop près de votre corps.

---

13. COUP DE POING CROCHETÉ ET COUP DE POING DIRECT

- Commencez à inspirer.
- En vous appuyant essentiellement sur le pied droit, rapprochez le pied gauche du pied droit en le faisant légèrement pivoter dans le sens inverse des aiguilles d'une montre.
- Relâchez les poignets.
- Gardez la tête tournée vers l'avant et fixez l'horizon du regard.

- Transférez votre poids vers le pied gauche tout en tournant les épaules vers la gauche.
- Dans l'élan de vos épaules, l'avant-bras gauche pivote horizontalement dans le sens des aiguilles d'une montre jusqu'à ce que votre main gauche se trouve à hauteur de votre poitrine, avec la paume tournée vers le sol.
- Dans le même temps, tendez le bras droit et faites-le pivoter horizontalement dans le sens inverse des aiguilles d'une montre jusqu'à ce que votre main se trouve à hauteur de la taille, avec les doigts formant un point légèrement ouvert.
- Votre regard est porté sur votre main gauche.

_____

_____

- En maintenant l'essentiel de votre poids sur le pied gauche, pointez le pied droit vers le sol.
- Tournez les épaules vers la gauche en fixant du regard votre main gauche.

- Toujours en appui sur le pied gauche, amenez votre poignet gauche à gauche de votre poitrine et faites pivoter l'avant-bras droit dans le sens inverse des aiguilles d'une montre pour placer le poing droit sous le poignet gauche.
- Fixez ce poignet du regard.
- Veillez à ne pas garder votre coude droit trop près du corps (vue de dos).

- Commencez à expirer.
- Décalez votre pied droit vers la droite et légèrement en arrière de manière à ce que la distance entre vos talons corresponde à la largeur d'un poing.
- Faites pivoter votre avant-bras droit et votre poing dans le sens des aiguilles d'une montre (vue de dos).

- Transférez progressivement votre poids vers le pied droit tout en ramenant les épaules afin de vous tourner vers l'avant.
- Faites pivoter l'avant-bras droit et le poing dans le sens des aiguilles d'une montre en tendant le bras.
- Faites pivoter l'avant-bras gauche afin que vos doigts soient pointés en direction de votre coude droit.
- La colonne vertébrale agit comme un essieu autour duquel pivotent les épaules, les épaules entraînant le mouvement des bras, et les bras étant suivis par les mains (vue de dos).

Dejun Xue

- Transférez tout votre poids vers votre pied le plus en avant (le droit).
- Faites pivoter votre avant-bras droit dans le sens des aiguilles d'une montre, le poing dirigé vers le bas.
- Gardez la tête droite et tournée vers l'avant.
- Veillez à ne pas bomber le torse et à ne pas reculer le bassin, et maintenez vos pieds fermement au sol.

- Commencez à expirer.
- Déchargez votre pied droit en transférant votre poids vers votre pied gauche (qui est plus en retrait).
- Commencez à tourner les épaules vers la droite tout en pliant le bras de manière à ce que votre poing soit tourné vers le haut.
- Fixez l'horizon du regard.

_____

_____

_____

_____

_____

- Ramenez votre pied droit près du pied gauche et faites-le légèrement pivoter dans le sens des aiguilles d'une montre.
- Déchargez votre pied gauche en transférant votre poids vers le pied droit, et tournez les épaules vers la droite en tordant la colonne vertébrale afin de garder les hanches tournées vers l'avant.
- Dans l'élan de vos épaules, faites pivoter horizontalement votre avant-bras droit dans le sens inverse des aiguilles d'une montre pour rapprocher votre poing de votre poitrine.
- Faites pivoter votre avant-bras gauche dans le sens des aiguilles d'une montre et gardez la tête tournée vers l'avant.

- Avec tout votre poids sur le pied droit, maintenez votre pied gauche sur la pointe afin d'assurer votre équilibre.
- Tournez les épaules ainsi que la tête vers la droite.
- Dans l'élan de vos épaules, tendez le bras droit vers la droite en faisant pivoter votre poing dans le sens inverse des aiguilles d'une montre.
- Tendez le bras gauche et faites pivoter votre main gauche dans le sens inverse des aiguilles d'une montre, la paume tournée vers l'extérieur et au-dessus de la taille.

- Commencez à expirer.
- En appui sur le pied droit, déplacez votre pied gauche d'un pas sur la gauche et légèrement en arrière de manière à ce que la distance séparant vos talons corresponde à la largeur d'un poing.
- Votre tête est encore tournée vers la droite.
- Faites pivoter l'avant-bras droit et le poing dans le sens inverse des aiguilles d'une montre en les tendant vers la droite, puis faites les pivoter dans le sens des aiguilles d'une montre pour ramener le poing à côté de votre hanche, le dos de la main tourné vers le haut.
- Levez l'avant-bras gauche à hauteur de la poitrine en le faisant pivoter dans le sens inverse des aiguilles d'une montre et en gardant la paume de votre main gauche ouverte et tournée vers le haut.

- Transférez progressivement votre poids vers votre pied situé le plus en avant (le gauche) tout en tournant les épaules vers l'avant, le regard porté sur l'horizon.
- Dans l'élan des épaules, tendez le bras droit en faisant pivoter l'avant-bras et le poing dans le sens inverse des aiguilles d'une montre.
- Dans le même temps, faites pivoter l'avant-bras gauche dans le sens inverse des aiguilles d'une montre jusqu'à ce que votre main se trouve à hauteur de votre épaule, avec la paume tournée vers le haut.

- Continuez de transférer votre poids vers votre pied gauche tout en fixant l'horizon du regard.
- Vos pieds touchent pleinement le sol.
- En transférant votre poids, faites pivoter votre bras droit dans le sens inverse des aiguilles d'une montre et donnez un coup de poing vers l'avant.
- Votre poing est propulsé par le mouvement de votre colonne vertébrale, de vos épaules et de vos bras, sans que vous utilisiez la force de votre main droite.
- Gardez le coude plié pour ne pas lancer trop loin votre poing.
- Dans le même temps, faites pivoter votre main gauche dans le sens des aiguilles d'une montre pour la rapprocher de votre poignet droit en protéger votre main droite. Veillez à ne pas vous pencher en avant en gardant le tronc droit et serrez les fesses.

- Commencez à inspirer.
- Transférez tout votre poids vers votre pied situé le plus avant (le gauche) tout en avançant légèrement le pied droit, le regard portant sur l'horizon.
- Placées à hauteur du cou, vos mains sont naturellement ouvertes, et vos coudes légèrement pliés.

- Transférez votre poids vers votre pied situé le plus en retrait (le droit) en gardant la tête bien droite.
- Regardez vers l'avant.
- Baissez les mains à hauteur de la taille, avec la paume ouverte et tournée vers le bas.

- En maintenant votre poids sur le pied droit, continuez de regarder vers l'avant.
- Faites pivoter vos poignets pour faire face à la paume de vos mains tout en les amenant à hauteur de votre poitrine.
- Essayez de rapprocher autant que possible vos coudes tout en éloignant autant que possible vos mains (vue de gauche).

_____

_____

_____

_____

_____

- Commencez à expirer.
- Avancez légèrement le pied gauche.
- Transférez lentement votre poids vers l'avant, tout en faisant pivoter votre main gauche dans le sens des aiguilles d'une montre et votre main droite dans le sens inverse.
- Essayez de plier les coudes (vue de gauche).

Continuez à transférer votre poids tout en regardant
vers l'avant et en tournant la paume de vos mains vers
le sol.

- Continuez à transférer progressivement votre poids vers votre pied le plus avancé (le gauche), le regard toujours porté vers l'avant.
- Tournez la paume de vos mains vers l'avant et essayez d'aligner vos majeurs l'un par rapport à l'autre.

_____

_____

_____

_____

_____

- En transférant l'essentiel de votre poids vers l'avant, vous amenez naturellement vos mains vers l'avant, sans forcer.
- Ne les poussez pas trop loin, et laissez leur paume s'ouvrir naturellement.
- Gardez la tête droite, et tournée vers l'avant (vue de gauche).

_____

_____

_____

_____

_____

15. CROISER LES MAINS

- Commencez à inspirer.
- Transférez tout votre poids vers le pied gauche et faites pivoter votre pied droit dans le sens des aiguilles d'une montre tout en tournant les épaules vers la droite.
- Suivant le mouvement de vos épaules, votre corps se tourne vers l'avant et projette vos mains en avant, avec les paumes tournées vers l'extérieur.

_____

_____

_____

- En vous appuyant cette fois-ci sur le pied droit, faites pivoter votre pied gauche dans le sens des aiguilles d'une montre pour tourner votre corps vers l'avant et amenez vos mains à côté de vos hanches.
- Evitez de bomber le torse ou de reculer le bassin, et maintenez fermement vos pieds contre le sol, tout en fixant l'horizon du regard.

- Répartissez équitablement votre poids sur vos pieds, puis levez les mains jusqu'à ce qu'elles se trouvent à hauteur de votre poitrine en plaçant le poignet droit devant le poignet gauche, avec la paume des mains tournée vers l'intérieur.
- Votre regard porte toujours sur l'horizon.

- Commencez à expirer.
- Vos pieds supportent équitablement votre poids.
- La tête droite et tournée vers l'avant, amenez lentement vos mains à hauteur de votre taille tout en tournant leur paume vers le bas.

- Enfin, ramenez vos mains à côté de vos hanches, en position naturelle.
- Fixez continuellement l'horizon.

- Respirez normalement.
- Transférez votre poids sur le pied droit.

- En vous appuyant sur le pied droit, rapprochez-en votre pied gauche.
- Tenez-vous droit, les mains près des hanches, en position normale.
- Votre pratique du Tai Chi pour Seniors touche à sa fin.

_____

_____

_____

_____

_____